BEI GRIN MACHT SICH
WISSEN BEZAHLT

- Wir veröffentlichen Ihre Hausarbeit,
  Bachelor- und Masterarbeit

- Ihr eigenes eBook und Buch -
  weltweit in allen wichtigen Shops

- Verdienen Sie an jedem Verkauf

Jetzt bei www.GRIN.com hochladen
und kostenlos publizieren

Bibliografische Information der Deutschen Nationalbibliothek:

Die Deutsche Bibliothek verzeichnet diese Publikation in der Deutschen National-bibliografie; detaillierte bibliografische Daten sind im Internet über http://dnb.d-nb.de/ abrufbar.

Impressum:

Copyright © 2019 GRIN Verlag
Druck und Bindung: Books on Demand GmbH, Norderstedt Germany
ISBN: 9783346164766

Anonym

Bildungsgerechtigkeit im deutschen Schulsystem? Die Ursachen des Bildungsmisserfolgs von Schülern mit Migrationshintergrund

GRIN Verlag

GRIN - Your knowledge has value

Der GRIN Verlag publiziert seit 1998 wissenschaftliche Arbeiten von Studenten, Hochschullehrern und anderen Akademikern als eBook und gedrucktes Buch. Die Verlagswebsite www.grin.com ist die ideale Plattform zur Veröffentlichung von Hausarbeiten, Abschlussarbeiten, wissenschaftlichen Aufsätzen, Dissertationen und Fachbüchern.

Besuchen Sie uns im Internet:

http://www.grin.com/

http://www.facebook.com/grincom

http://www.twitter.com/grin_com

Bildungsgerechtigkeit im deutschen Schulsystem?
Analyse der Ursachen des Bildungsmisserfolgs von
Schülern mit Migrationshintergrund

Inhalt

1. Einleitung

Die PISA-Studie, die im Jahre 2001 veröffentlicht wurde, sorgte für Aufsehen bei den Verantwortlichen des Bildungssystems, stellte es ihm doch ein schlechtes Zeugnis aus. Denn im Vergleich zu den anderen OECD-Ländern hatte es einen unterdurchschnittlichen Wert erreicht. Zudem wurde deutlich, dass gerade in Deutschland der Bildungserfolg in erheblichem Maße von der sozialen Herkunft abhängt, also vom sozioökonomischen Status und dem Bildungsabschluss der Eltern. Das betrifft u. a. auch die Migranten, die signifikant schlechtere Leistungen im Vergleich zu den einheimischen erbrachten. Dieser Umstand wurde von einigen genutzt, um damit das schlechte Abschneiden von Deutschland bei PISA zu erklären. Damit wurde von ihnen die Schuld nicht dem Schulsystem zugeschrieben, sondern den mangelnden Kompetenzen der Schüler mit Migrationshintergrund. Dieser Darstellung widerspricht jedoch Diefenbach (2010: 13), denn zum einen erreichten andere Länder wie Australien und Kanada mit einem höheren Migrantenanteil in der Schülerschaft ebenso gute Leistungen wie die einheimischen Schüler und zum anderen schnitten auch deutsche Bundesländer mit niedrigen Migrantenkonzentrationen schlecht ab.

Doch seit PISA 2000 ist schon einige Zeit vergangen und mittlerweile hat sich Deutschland deutlich verbessert und liegt nun über dem OECD-Durchschnitt (vgl. OECD 2016: 5). Dennoch ist es dem deutschen Bildungssystem nicht gelungen, den Bildungserfolg von der sozialen Herkunft zu entkoppeln. Diese Tatsache wirkt sich vor allem nachteilig auf Menschen mit Migrationshintergrund aus (nachfolgend Migranten genannt), also Personen, die entweder selbst eingewandert sind oder von mindestens einem Elternteil abstammen, das nicht in Deutschland geboren ist. Migranten entstammen oft dem sozial schwachen Milieu und weisen zudem eher Probleme mit der deutschen Sprache auf, was Einfluss auf den Bildungserfolg hat.

Sie werden häufiger in der Grundschule zurückgestellt, besuchen häufiger den Schulkindergarten und müssen öfter die Klassenstufe wiederholen. Zudem werden sie eher auf Sonderschulen und Hauptschulen verwiesen, während dies seltener zugunsten des Gymnasiums geschieht (vgl. Diefenbach 2010: 79).

Doch wo liegt nun genau der Grund dafür, dass Migranten schlechter im deutschen Bildungssystem abschneiden als ihre deutschen Mitschüler? Diefenbach (2010: 160) hat bei ihrer Auseinandersetzung mit diesem Thema festgestellt, dass die Forschungslage über Nachteile von Migranten im Schulsystem schwach ausfällt.

Man könnte den Grund für die schlechten Leistungen der Migranten bei ihnen selbst suchen, was sich in Kulturdefiziten, mangelnder Motivation oder Bildungsaspirationen zeigen könnte oder das Schulsystem dafür verantwortlich machen, da es sich nicht in passender Weise um die Migranten kümmert. Wenn dies der Fall wäre, so würde das deutsche Bildungssystem keine Chancengerechtigkeit für alle seine Schüler ermöglichen, denn dazu müssten die Kinder mit gleichen Voraussetzungen ins Schulleben starten können. Da es aber das Ziel eines jeden demokratischen Staates ist, Bildungsgerechtigkeit für jeden möglich zu machen und Menschen nur an ihrer Leistung zu beurteilen, darf es nicht bei der Theorie bleiben, sondern es müssen Maßnahmen getroffen werden, um dieses Ziel zu erreichen, damit Migranten nicht zu einer „randständigen Sonder-Schülergruppe, deren Bildungsschicksal die breite Öffentlichkeit in Deutschland nicht interessiert", werden (Gogolin 2013: 42).

Ein Grund am verspäteten Interesse von Bildungserfolgen von Migranten kann in der Tatsache begründet liegen, dass sich Deutschland lange Zeit gewehrt hat, sich als Einwanderungsland zu bezeichnen (vgl. Steinbach 2009: 30), was sich auch an Äußerungen von hochrangigen Politikern bis über die Jahrtausendwende hinaus beobachten lässt (vgl. Dernbach 2006). Durch die lange Verweigerungshaltung wurden Reformen und Anpassungen erst spät in den Blick genommen, was den Rückstand in dieser Frage erklären könnte (vgl. Steinbach 2009: 30).

Einen großen Anteil der Migranten machten die Gastarbeiter aus, die meisten kamen aus der Türkei. Man ging davon aus, dass sie nach Beendigung ihrer Beschäftigung in ihr Heimatland zurückkehren würden, weshalb sich mit deren Bildung und Integration nicht viel beschäftigt wurde (vgl. ebd.). Doch sie sind geblieben und stellen seitdem gemeinsam mit ihren Nachkommen das deutsche Bildungssystem auf die Probe. Es ist zu fragen, ob es ihm gelingt, die Nachteile, die aus sozialer Herkunft und dem Migrationshintergrund entstammen, wieder auszugleichen. Denn nur dann würde man von Bildungsgerechtigkeit sprechen können.

2 Bedeutende Faktoren für den Schulerfolg im Umfeld der Migranten

2.1 Die Bedeutung der Sprache

Obwohl viele Faktoren für den Schulerfolg maßgeblich sind, ist man sich einig, dass das Beherrschen der Landessprache von großer Bedeutung ist. Denn die Grundlage, um etwas zu verstehen und somit zu lernen, liegt in der Aufnahme und Verarbeitung von Informationen. Die Frage, die sich stellt, ist, in welchem Maße sie von Bedeutung ist und wie sehr die zuhause gesprochene Sprache zum Schulerfolg beiträgt.

Weiterhin bedarf es der Analyse, welche Wichtigkeit der Muttersprache (L1) bei der Erlernung der Zweitsprache (L2) zukommt, um zu erkennen, ob Defizite in der L1 die Ursache für die schlechten Leistungen in der L2 sind. Darauf soll folgend eingegangen werden.

2.1.1 Bedeutung der Muttersprache für das Erlernen der Zweitsprache

Da bei vielen Migranten der Spracherwerb in einer anderen Sprache als Deutsch geschieht, stellt sich die Frage, inwiefern diese Tatsache erschwerend auf das Erlernen der Zweitsprache wirkt. Bei der Frage welchen Einfluss die L1 auf den Erwerb der L2 bzw. welchen Anteil am Bildungserfolg sie hat, existieren zwei Positionen, die eine besagt, dass sich das Beherrschen der L1 positiv auf L2-Kompetenzen auswirkt, wohingegen die andere Ansicht einen negativen bzw. keinen Zusammenhang darin sieht (vgl. Kempert u. a. 2016: 181). Dabei ist gut belegt, dass Lesefähigkeiten in der L1 auf die L2 übertragen werden können, was bei mündlichen Fähigkeiten noch nicht der Fall ist (vgl. ebd.: 189). Ebenso ist laut Kempert u. a. nicht eindeutig nachgewiesen, dass fortschrittliche L1-Kompetenzen positive Auswirkungen auf Lernprozesse in der Zweitsprache haben. Man könne jedoch von der Annahme ausgehen, dass die L1 keine negativen Effekte auf die L2 habe (ebd.: 224f). Damit ist keine eindeutige Befundlage gegeben, was weitere Forschung nötig macht, um diese Frage befriedigend beantworten zu können. Eine Erklärung für die Diskrepanzen der konkurrierenden Positionen versucht Strobel zu liefern:

> Die verschieden Teilnehmer der Diskussion um die Zusammenhänge zwischen Sprachgebrauch und Bildungserfolg berufen sich in ihrer Argumentation auf unterschiedliche Mechanismen. Dabei kommen sie zu teils gegensätzlichen Aussagen im Hinblick auf den Zusammenhang von Sprachgebrauch und Kompetenzerwerb. Gleichzeitig finden sich in den unterschiedlichen Studien oft widersprüchliche Befunde. Daher liegt die Vermutung nahe, dass hier möglicherweise gegenläufige Mechanismen gleichzeitig am Werk sind und die sichtbaren Einflüsse des Sprachgebrauchs auf den Kompetenzerwerb von weiteren Bedingungen abhängen. (Strobel 2015: 20)

Man kann nun weiterdenken und Fragen ob sich der Gebrauch von L1 und L2 positiv auf das Erlernen von Fremdsprachen auswirkt und somit zum Schulerfolg beiträgt. Denn bei Kindern die zweisprachig aufwachsen wird davon ausgegangen, dass sie Vorteile beim Erlernen einer Fremdsprache haben, da das frühe Auseinandersetzen mit mehreren Sprachen dazu führt, ein Bewusstsein über die Mechanismen von Sprache zu entwickeln (vgl. Kempert u. a 2016: 225). Ein solcher Beleg konnte bei einer Untersuchung von Neuntklässlern erbracht werden. So konnte festgestellt werden, dass zweisprachige Migranten bessere Kompetenzen in Fremdsprachen vorzuweisen hatten als ihre einsprachigen Mitschüler, jedoch konnte dieser Effekt in der Oberstufe des Gymnasiums nicht mehr beobachtet werden (vgl. Sachverständigenrat deutscher Stiftungen für Integration und Migration 2016: 28f.).

2.1.2 Bedeutung der zuhause gesprochenen Sprache

Dass das Beherrschen der Verkehrssprache positiv auf den Bildungserfolg wirkt, scheint plausibel zu sein, doch die Frage ist, wie sehr das der Fall ist. Kempert u. a. (2016: 224) konnten nach Betrachtung verschiedener Studien bestätigen, dass das Beherrschen der Verkehrssprache einen deutlichen positiven Einfluss auf den Bildungserfolg von Migranten hat. Die Frage, die sich stellt, ist, woran es liegt, dass Migrantenkinder oft Sprachdefizite in der Schulsprache aufzuweisen haben und wer die Verantwortung dafür trägt. Von einigen wird dann die Familie als Ursache ausgemacht, die zuhause kein deutsch mit den Kindern spricht. Auch die Kultusministerien gehen von dieser Ursache aus, was wohl daran liegen könnte, dass sie am Bestehen des Systems interessiert sind und keine großen Veränderungen wünschen (vgl. Auernheimer 2013: 14). Das kann am besten bewerkstelligt werden, wenn die Schuld am schlechten Abschneiden nicht dem Bildungssystem zugeschrieben wird, sondern im Umfeld der Migranten gesucht wird. Deshalb vermutet man, dass die zuhause gesprochene Sprache Ursache für die Sprachdefizite ist. Man nimmt dabei an, dass Kinder die zuhause mit ihren Eltern kaum Deutsch sprechen, schlechtere Kompetenzen in dieser Sprache entwickeln. Bei IGLU 2016, einer Studie, die die Leseleistungen von Grundschulkindern am Ende der vierten Klasse untersucht, konnte dazu ein Zusammenhang festgestellt werden. Bei fast allen Teilnehmerländern wurden bei Kindern, die die Testsprache zuhause nicht oder kaum sprechen, niedrigere Leseleistungen festgestellt, wobei erhebliche Unterschiede in den Leistungsabweichungen bestehen (vgl. Bos u. a. 2017: 22). In Deutschland sind das 16,6 % der Schüler mit einer erreichten Punktzahl von 509 Punkten, das sind 40 Punkte weniger im Vergleich zu den Schülern, die zuhause immer oder fast immer Deutsch sprechen, was etwa einem Rückstand von einem Schuljahr entspricht (vgl. Wendt & Schwippert 2017: 223f.). Vergleicht man dieses Ergebnis mit den anderen Teilnehmerländern, so muss man feststellen, dass gerade in Deutschland der Abstand zwischen beiden Gruppen überdurchschnittlich groß ist (vgl. ebd.). Bei Kanada und England beträgt der Unterschied zwischen beiden Gruppen nur 10 Punkte (vgl. ebd.). Es gelingt demnach anderen Bildungssystemen besser, die

Diskrepanz zwischen den Leseleistungen klein zu halten, was zeigt, dass die zuhause überwiegend gesprochene ausländische Sprache, nicht unbedingt zu erheblichen negativen Folgen in den Leseleistungen der Testsprache führen muss.

Trotz dieser Ergebnisse muss man beachten, dass die Leseleistungen nur einen Baustein der Deutsch-Kompetenzen ausmachen, und somit nur Teilweise darauf hindeuten, dass der wenige Sprachgebrauch in der Verkehrssprache zuhause, zu Sprachdefiziten führt. Deshalb muss man gut darüber nachdenken, ob man die Leseleistungen als entscheidende Referenz für die Sprachkenntnisse nimmt oder weitere Faktoren miteinbezieht.

Die Aussagekraft der Leseleistungen ist auch für den Schulerfolg begrenzt, denn IGLU konnte belegen, dass die sie nur geringfügig mit der Deutschnote zusammenhängen, welche jedoch wichtigster Indikator für eine Schulempfehlung ist, und somit den Bildungserfolg maßgeblich mitbestimmt (vgl. Bos u. a. 2017: 23).

Auch Diefenbach (2010: 163) äußert kritisch über den hergestellten Zusammenhang zwischen der zuhause gesprochenen Sprache und den Schulerfolg, sie sieht diese These in Deutschland empirisch nicht belegt. Und da sich der Sprachgebrauch daheim vom Unterrichtsdeutsch unterscheide, sei er auch kein guter Indikator für die Deutschkenntnisse (ebd.). Denn das Deutsch, das in der Schule gesprochen wird, ist eine Fachsprache, die sich am konzeptionell Schriftlichen orientiert und sich somit deutlich von der Umgangssprache unterscheidet (vgl. Gogolin 2013: 40).

Auch zeigt sich ein differenziertes Bild der Sprachleistungen in Deutschland, wenn man die verschiedenen Ethnien betrachtet. So konnte bei PISA-II festgestellt werden, dass 50 % der Vietnamesen, die zuhause nur ihre Landessprache sprechen, nur geringfügig schlechtere Leseleistungen erbringen als die einheimischen Schüler (vgl. Nauck & Lotter 2016: 131). Türkischstämmige Schüler hingegen, die den größten Anteil von Migranten in deutschen Schulen ausmachen (vgl. Diefenbach 2010: 48), schneiden dabei von allen Migrantengruppen am schlechtesten ab (vgl. Nauck & Lotter 2016: 131). Auch nach der Betrachtung ihrer sozialen Herkunft lassen sich immer noch Defizite feststellen (vgl. Kempert u. a. 2016: 224).

Doch es finden sich auch positive Effekte bei Schülern, die zuhause kein Deutsch sprechen, so konnte festgestellt werden, dass sie bei vergleichbaren Bedingungen über eine höhere Lernmotivation verfügen, einen besseren Schulabschluss anstreben als ihre Mitschüler, die zuhause Deutsch sprechen und ein positives Selbstkonzept vorzuweisen haben (Stanat 2006: 211).

2.2 Bedeutung der Kultur

Neben den Sprachdefiziten wird auch oft die Kultur der Migranten als Ursache genannt, um ihr schlechtes Abschneiden in der Schule zu erklären. Aus dieser defizitorientierten Sichtweise wird die Kultur als Hindernis für den Bildungserfolg gesehen. Danach nimmt bei der Migrantenkultur Bildung einen niedrigeren Stellenwert ein als bei den deutschen. Das kann sich z. B darin äußern, dass dem Lernen kein hoher Wert zugeschrieben wird oder dass andere Ansichten bei der Wichtigkeit des regelmäßigen Schulbesuchs herrschen (vgl. Diefenbach 2010: 93). Werden solche Ansichten vertreten, kann das damit zusammenhängen, dass das pädagogische Denken „stark von den defizitorientierten Handlungsansätzen der Ausländerpädagogik und statischen, rückwärtsgewandten Konzepten kultureller Identität bestimmt [ist]" (Gomolla 2013: 97). Diefenbach hat untersucht, inwiefern die Vorstellungen von einer defizitären Kultur empirisch belegt sind und folgendes festgestellt:

> Sofern diese Behauptungen im Zusammenhang mit empirischen Studien vorgebracht werden, handelt es sich entweder um ex-post-facto-Erklärungen, Plausibilisierungen oder um Forschungsergebnisse, die nicht verallgemeinerbar sind, weil sie im Rahmen qualitativer Studien oder unter Verwendung sehr spezifischer Stichproben gewonnen wurden. Dort, wo empirische Prüfungen erfolgten, die den Standards empirischer Sozialforschung eher entsprechen, wurden zentrale Thesen der Erklärung durch kulturelle Defizite widerlegt (vgl. Diefenbach 2010: 93).

Wenn von der Kultur der Migranten die Rede ist, dann ist meistens die der türkischstämmigen Bevölkerung gemeint, was wohl daran liegt, dass sie den größten Teil von Migranten in Deutschland ausmacht. Zudem unterscheidet sie sich von der deutschen mehr als andere, weil sie zum einen aus einem nicht-europäischen Kulturraum entstammt und zum anderen, da sie größtenteils einer anderen Religion angehört. Und zusätzlich kommt auffallend hinzu, dass türkischstämmige Schüler die schlechtesten Schulleistungen aller Migranten liefern (vgl. Diehl u. a. 2016: 25).

Versucht man nun die Ursachen für die schlechten Leistungen zu ergründen, kann man schnell dazu verleitet sein, die Schuld bei den Schülern und ihrer „defizitären" Herkunftskultur zu suchen. Wenn man diese Ansicht unterstützt, dann wird es schwer fallen zu erklären, warum italienische Schüler, die den Deutschen kulturell näher stehen, ebenfalls sehr schlechte Schulleistungen erbringen (vgl. Diefenbach 2010: 95). Hier könnte eher die soziale Herkunft entscheidend sein.

Was die Bildungsaspirationen der Migranten betrifft, konnte festgestellt werden, dass diese höher ist als bei den Nicht-Migranten (vor allem bei den Türken), auch wenn die Schulleistungen schwach ausfallen, dieses Phänomen wird auch *„Aspiration-*

Achievement-Paradox" genannt (Becker & Gresch 2016: 73). Damit kann widerlegt werden, dass Migranten dem Lernen einen niedrigen Wert zuschreiben und deshalb schlecht im Bildungssystem abschneiden, im Gegenteil zeigt sich, dass sie sehr am Bildungserfolg interessiert sind.

3. Mögliche Ursachen des Bildungsmisserfolgs von Migranten im Umfeld der Schule

3.1 Diskriminierung

Eine Möglichkeit die Unterschiede im Schulerfolg zwischen Migranten und Einheimischen zu erklären, ist, sie auf ethnische Diskriminierung zurückzuführen. Dabei kann die Diskriminierung entweder im System angelegt sein oder von Lehrkräften direkt erfolgen. In Deutschland kann nicht davon ausgegangen werden, dass das Schulsystem Migranten absichtlich benachteiligt, jedoch ist erwiesen, dass dies ohne Absicht durchaus passiert. Wenn dies der Fall ist, dann spricht man von institutioneller Diskriminierung. Von individueller Diskriminierung spricht man z. B. dann, wenn eine Lehrperson gezielt oder unabsichtlich einen Schüler benachteiligt. Bei dieser Konstellation herrscht eine asymmetrische Machtverteilung, in der derjenige der diskriminiert über die Deutungshoheit verfügt und geeignete Merkmale seines Gegenübers für die Diskriminierung nutzt (vgl. Gomolla & Radtke 2009: 15). Bei einem Migrantenanteil von ca. 30 % in deutschen Schulen (Autorengruppe Bildungsberichterstattung 2018: 90, Tab. D1-2A) ist es deshalb umso notwendiger, sich diesem Thema genauer zu widmen.

3.1.1 Individuelle Diskriminierung

Versucht man individuelle Diskriminierung darzustellen, so sieht man sich einem Problem ausgesetzt, denn diese ist sehr schwer nachzuweisen. Deshalb gibt es dazu auch wenige Studien, was den Anschein erwecken kann, dass dieses Thema keinen großen Einfluss auf Ungleichheiten im Bildungssystem hat. Diese Ansicht sollte aber mit Vorsicht betrachtet werden, da man kann mit einer hohen Dunkelziffer rechnen kann. Denn gerade die Unsichtbarkeit dieses Themas, sollte nicht dazu verleiten es zu bagatellisieren, sondern dazu führen, dass mehr Anstrengungen unternommen werden, um ein besseres Bild darüber zu erhalten.

Eine Studie zu diesem Thema hat Anja Steinbach (2009) in der Stadt Oldenburg mit Schülern durchgeführt, die zwischen vierzehn und neunzehn Jahren alt waren. Diese Studie kann aufgrund kleiner Fallzahlen und ihrer Regionalität zwar nicht als repräsentativ gelten, jedoch einen Beitrag leisten um versteckte Mechanismen der Diskriminierung offenzulegen. Bei ihr wurden Migranten und Nicht-Migranten (244) zu verschiedenen Themen befragt, um herauszufinden, ob sie ein diskriminierendes Verhalten von Lehrern erfahren haben. Bei einer Frage, wollte man von den Schülern wissen, nach welchen Kriterien Lehrer Schüler bevorzugt behandeln. Dabei führten knapp 16 % der Migranten die Herkunft als Grund an, während die Schüler deutscher Herkunft nur zu 0,7 % davon ausgingen (vgl. ebd.: 78). Daraus schließt die Autorin, dass es den Lehrpersonen gut gelingt, ihr diskriminierendes Verhalten nach außen hin zu legitimieren, da es von den Schülern deutscher Herkunft nicht bemerkt wird (vgl. ebd.: 78f.). Sie nimmt an, dass diskriminierendes Verhalten zum Alltag geworden sein könnte, sodass die Schüler deutscher Herkunft nichts mehr davon mitbekommen würden (ebd. 79).

Diese Studie ist zwar nicht repräsentativ und ihre Annahmen basieren auf Schülerantworten, dennoch ist sie wichtig, weil sie Ergebnisse zu Effekten von Lehrern liefert, welche noch zu wenig erforscht sind. Studien aus den USA haben positive Effekte auf den Lernerfolg gezeigt, wenn Lehrer und Schüler denselben ethnischen Hintergrund hatten (vgl. Diefenbach 2010: 162). Jedoch haben andere Studien gezeigt, dass weniger die Nationalität dabei eine Rolle spielt, sondern eher der sozioökonomische Status der Eltern des Lehrers (vgl. ebd.). Ebenfalls empirisch bewiesen ist, dass in Amerika weiße Lehrer schwarze Schüler schlechter behandeln und beurteilen als weiße (vgl. ebd.: 139).

In Deutschland konnte dazu festgestellt werden, dass Lehrer Migranten und Schüler mit niedrigem sozialen Status anders behandeln, indem sie Aufgaben stellen, die unterschiedlich schwer sind oder sie anders Loben (Sachverständigenrat deutscher Stiftungen für Integration und Migration 2016: 32). Grund dafür könnten stereotype Vorstellungen über Fähigkeiten dieser Schüler sein (vgl. ebd.).

Eine Studie zu diesem Thema in Deutschland von Bonefeld und Dickhäuser (2018) konnte diese Annahme bestätigen. Dabei wurde Lehramtsstudenten ein Diktat vorgelegt, das angeblich von den Drittklässlern Murat und Max geschrieben wurde und das sie korrigieren sollten. Eine Gruppe der Studenten bekam einen Text der fünf Fehler hatte und die andere einen mit dreißig Fehlern. Es gelang ihnen gut die Fehler zu finden, jedoch gaben sie für das gleiche Diktat mit selber Fehleranzahl verschiedene Noten, je nachdem ob der Autor Murat oder Max hieß. Dabei erhielt Murat durchweg schlechtere Noten, obwohl er die gleiche Fehleranzahl wie Max hatte. An dieser Studie kann man erkennen, wie sehr die Erwartungshaltung die Notengebung beeinflussen kann, obschon die identische Leistung erbracht wurde. Auch wenn es in diesem Fall nicht bewusst geschieht, handelt es sich dennoch um Diskriminierung.

Nach diesen Befunden kann man feststellen, dass ein Lehrerkollegium diskriminierendes Verhalten abbauen könnte, wenn es von Vielfalt geprägt wäre und aus verschiedenen sozialen Schichten und Ethnien bestünde. Das scheint aber momentan bei Lehrern mit Migrationshintergrund nicht der Fall zu sein, machen sie nur etwa 6 % der Lehrerschaft aus (vgl. Diehl & Fick 2016: 253).

Ein weiteres Phänomen, das sich negativ auf Schülerleistungen auswirken kann und hier kurz erwähnt werden soll, ist der „Stereotype Threat". Danach sinken die Leistungen einer Gruppe, wenn sie spürt, dass gegen sie stereotypische Vorstellungen herrschen (vgl. ebd.: 248). Wenn z. B. ein türkischer Schüler verinnerlicht hat, das Türken in der Schule zu den Verlierern gehören, kann das bedrohlich auf ihn wirken und seine Leistungen schwächen, sodass das entstandene Stereotyp bestätigt wird (vgl. ebd.). Hier wird noch mal deutlich wie subtil die Mechanismen der individuellen Diskriminierung wirken und wie schwer es ist diese zu erfassen. Um Diskriminierung abzubauen ist es deshalb nötig, eine größere Sensibilisierung für dieses Thema zu schaffen und Werkzeuge zu entwickeln, die solche Praktiken aufdecken können.

3.1.2 Institutionelle Diskriminierung

Institutionelle Diskriminierung in Deutschland geschieht entweder indirekt, wenn sie nicht beabsichtigt wird, sich aber aus Mechanismen des Systems ergibt, oder direkt, wenn Vertreter der Institutionen Regelungen umgehen, um ein Funktionieren des Systems aufrechtzuerhalten oder es zu entlasten. Institutionen funktionieren nach einer eigenen Logik, wobei es in erster Linie um die Selbsterhaltung geht. Das macht sie blind für Begebenheiten, die sich außerhalb ihres Bereichs abspielen. Entscheidungen orientieren sich dann vordergründig am Interesse und den Möglichkeiten des Systems. Gomolla und Radtke (2009) haben sich mit der institutionellen Diskriminierung in Schulen befasst und konnten nachweisen, dass an den untersuchten Schulen Mechanismen des Systems zur Ungleichbehandlung von Schülern führen, was sich vor allem negativ auf die Migranten auswirkt. Dabei treten drei Entscheidungspunkte besonders hervor, und zwar bei der Einschulung, der Verweisung auf eine Sonderschule für Lernbehinderte (SOLB) sowie bei der Empfehlung für die weiterführende Schule.

Migranten betreffen diese Stellen besonders, da Sprachdefizite als Hauptgrund genannt werden, wenn negative Entscheidungen getroffen werden.

Wird bei der Einschulung eines Kindes festgestellt, dass es Sprachdefizite vorzuweisen hat, dann kommt es oft vor, dass es in den Schulkindergarten zurückgestellt wird, um diese abzubauen, dies ist jedoch rechtlich nicht zulässig ist, da der Schulkindergarten für Schüler mit Entwicklungsverzögerungen vorgesehen ist, weshalb man hier eine direkte Diskriminierung feststellen kann (vgl. Gomolla 2013: 91). Auch bei der Untersuchung des Schularztes kann es zur Diskriminierung kommen, nämlich dann, wenn sprachliche Probleme zum Anlass genommen werden, das Kind einer strengeren Kontrolle zu unterziehen, da man annimmt, das weitere Probleme dahinter zu vermuten sind (vgl. ebd.: 92).

Neben der Möglichkeit Kinder im Schulkindergarten unterzubringen, kann die Schule sie auch zu einer SOLB überweisen. Dabei ist es rechtlich geregelt, dass Sprachdefizite nicht zu den Gründen einer Überweisung zählen dürfen, was aber oft ignoriert wird, zudem wird meistens auf eine Sprachstanderhebung der Muttersprache verzichtet, was aber nötig ist, um eine Lernbehinderung auszuschließen (vgl. Gomolla & Radtke 2009: 204). Diese diskriminierende Vorgehensweise wirkt sich negativ auf die Schulkarriere des Kindes aus, da es geringere Chancen hat erfolgreich zu sein, denn bei der SOLB verlassen ca. 30 % der Schüler die Schule ohne einen Hauptschulabschluss (vgl. Diefenbach 2010: 71).

Auch bei der Entscheidung, auf welche weiterführende Schule ein Kind gehen soll, haben Migranten oft Nachteile zu erwarten. Denn selbst bei guten Noten werden sie oft nicht auf Gymnasien geschickt, da angenommen wird, dass für sie ohne gute Deutschkenntnisse ein Erfolg aussichtslos ist oder Eltern nicht in der Lage sein werden ihnen zu helfen (vgl. Gomolla 2013: 94).

Die Entscheidungen, die an diesen Stellen getroffen werden, dienen der Entlastung des Systems und werden aus organisatorischen Gründen getroffen, aber mit Defiziten der Schüler erklärt. Sie werden erst im Nachhinein legitimiert und stützen sich dann auf Argumente, die gesellschaftlich anerkannt sind, um das Vorgehen zu rechtfertigen (vgl. Gomolla & Radtke 2009: 276).

Man kann also Zusammenfassen, das bei der institutionellen Diskriminierung in Grundschulen vor allem die Sprachdefizite der Migranten herangezogen werden, um sie aus dem normalen Schulbetrieb herauszunehmen oder auf niedrigere Schulformen zu verweisen, und zusätzlich wird

eine Vielzahl von defizitorientierten ethnisch-kulturellen Zuschreibungen in bezug auf die häusliche Unterstützung und das Sozialisationsmilieu von Migrantenkindern an die sprachlichen Fähigkeiten angekoppelt. Als zentraler Topos in den untersuchten Begründungsmustern erweist sich die These einer für den Schulerfolg erforderlichen kulturellen Passung zwischen Schule und Elternhaus die z. T. zu Kulturkonfliktszenarien ausgeweitet wird (Gomolla & Radtke 2009: 262).

Das liegt wohl daran, dass die Schule einen gewissen Standard erwartet, was die Sprach- und Schulfähigkeit betrifft, der „im weitesten Sinne christlich sozialisierten Mittelschicht-Kindern" entspricht (Gomolla 2013: 95). Da viele Kinder mit Migrationshintergrund, diese Voraussetzungen nicht erfüllen können, findet hier eine Benachteiligung statt (ebd.). Die Ursache hierfür liegt im Versäumnis der Politik, die Schule an die vorhandene kulturelle und sprachliche vielfalt der Schüler anzupassen, was das Tor für vielfältige Arten der Diskriminierung geöffnet hat (ebd.: 96).

3.2 Das dreigliedrige Schulsystem

Nach den PISA-Ergebnissen und der aufkommenden Frage, weshalb Deutschland im internationalen Vergleich so schlecht abgeschnitten hat, wurde von einigen das deutsche Schulsystem als Ursache dafür gesehen, weil es durch eine frühe Selektivität geprägt ist. Schon am Ende der vierten Klasse muss entschieden werden, welche weiterführende Schule ein Kind besuchen soll. Ob eine Entscheidung zu diesem frühen Zeitpunkt überhaupt sinnvoll bzw. nötig ist kann angezweifelt werden. Denn es hat sich gezeigt, dass die Selektivität des deutschen Schulsystems – die das Ziel verfolgt, leistungshomogene Klassen zu schaffen, um bessere Ergebnisse zu erreichen – vor allem Nachteile für Migranten mit sich bringt. Schaut man sich Länder wie Finnland an, dann kann man feststellen, dass auch ein Gesamtschulsystem in der Lage sein kann, gute Ergebnisse zu erbringen, obwohl es sich mit einer heterogenen Schülerschaft auseinandersetzen muss.

Das Problem der kurzen Grundschuldauer ist, dass zu wenig Zeit verbleibt, die Sprachkenntnisse der Kinder auf ein ausreichendes Niveau zu heben (vgl. Steinbach 2009:20). Und da die Grundschule gewisse Deutschkenntnisse voraussetzt und nicht dafür ausgelegt ist, sich in erforderlichen Maße um Kinder mit Sprachdefiziten zu kümmern, wird schon zu einem frühen Zeitpunkt die Bildungskarriere eines Kindes festgelegt (Diefenbach 2010: 80). Diese Tatsache wirkt förderlich darauf, dass sich Migranten eher auf niedrigeren Schulformen wiederfinden und so von Schülern mit deutscher Herkunft getrennt werden, sodass eine ethnische Differenzierung erfolgt (vgl. ebd.). Häufig passiert es dann, dass Hauptschulen als „Restschulen" angesehen werden, was zum einen die Motivation der Schüler deutlich beeinträchtigt und zum anderen es schwerer macht, diese in den Arbeitsmarkt zu vermitteln. So werden die schlechten Bedingungen der Schüler fortgeschrieben. Gomolla schreibt dazu:

> Die unterdurchschnittliche Partizipation [im Bildungssektor] von Kindern mit einem Migrationshintergrund und/oder aus marginalisierten sozio-ökonomischen Schichten wird in den alltäglichen Prozessen der Differenzierung und Auslese im Hinblick auf verschiedene Fördermöglichkeiten und vor allem das gegliederte Sekundarschulsystem reproduziert, modifiziert oder verschärft (Gomolla 2013: 98).

Obwohl also dem deutschen Schulsystem Schwächen nachgewiesen werden können, ist aus bildungspolitischer Sicht kein Wille für Reformen zu erkennen (vgl. Gogolin 2013: 32). Auernheimer (2013: 16) sieht den Grund dafür im dreigliedrigen System selbst, und glaubt, dass in ihm „die Reformunfähigkeit strukturell verankert [ist], weil es Privilegien impliziert, die niemand gern aufgeben möchte". Ähnlich sieht es Kornmann (2013: 76), wobei er annimmt, dass es „[i]m weitesten Sinne (…) um die Sicherung von Privilegien und die Durchsetzung von Macht" geht. Aus diesen Gründen, verorten viele Schulakteure die Ursachen für das schlechte abschneiden von Migranten außerhalb der Schule, um Reformen zu entgehen (vgl. Stojanov 2011: 160).

Doch die heutigen Ergebnisse der PISA-Studie lassen Zweifel darüber aufkommen, ob vom Bildungssystem direkt auf den Schulerfolg geschlossen werden kann (vgl. Esser 2016: 355). Denn einige der einstigen Vorbilder wie Schweden, haben bei einem unveränderten Schulsystem überaschenderweise merklich an Leistungsfähigkeit verloren, während Deutschland sich deutlich verbessern konnte (vgl. ebd.). Ditton (2016: 293) sieht das ähnlich und glaubt, dass die Unterschiede in den Leistungen nicht allein durch die verschiedenen Bildungssysteme erklärt werden können, sondern es eines tiefergehendes Blickes bedarf, der sich u. a auch. mit Faktoren des Unterrichts und der Schule auseinandersetzen muss.

Es bleibt jedoch dabei, dass gerade in Deutschland die soziale Herkunft maßgeblich über den Schulerfolg entscheidet. Und das dreigliedrige Schulsystem scheint diesen Umstand noch zu verstärken. Deshalb ist es ratsam eine längere Grundschulzeit anzusetzen und ein integratives Bildungssystem einzuführen, um Verbesserungen zu erreichen. Denn dann würde nicht mehr die Möglichkeit bestehen, einen schwachen Schüler auf eine niedrige Schulform zu überweisen, sondern man wäre gezwungen sich mit ihm auseinanderzusetzen und nach Lösungen zu suchen, wie er zu den anderen aufschließen kann. Auch die OECD (2015: 8) mahnt nach den PISA 2015 Ergebnissen an, dass Selektionspraktiken in Schulen unterlassen werden sollen, vor allem dann, wenn sie zu einem frühen Zeitpunkt erfolgen, da diese dazu führen, dass sich Kompetenzunterschiede ausweiten.

4. Fazit

Kann man nun nach dieser Betrachtung feststellen, dass das deutsche Bildungssystem Chancengerechtigkeit für alle liefert und somit ein gerechtes ist? Die Nachteile, die sich für Migranten und sozial Schwache ergeben, sprechen dagegen. Da Migranten oft eine ungünstige soziale Herkunft vorzuweisen haben und noch zusätzlich mit Sprachproblemen zu kämpfen haben, trifft sie die Benachteiligung doppelt. Das deutsche Bildungssystem scheint auf diese Probleme keine Antwort gefunden zu haben bzw. ist nicht bereit sich darauf in erforderlicher Weise einzustellen. Denn oft „wird die Frage nahezu völlig ausgeklammert, inwiefern das Schulbildungssystem selbst für die bildungsbezogene Benachteiligung der Kinder und Jugendlichen mit Migrationshintergrund verantwortlich ist" (Stojanov 2011: 145).

Bis heute hat sich das Bildungssystem nicht in ausreichendem Maße auf Kinder mit Sprachdefiziten eingestellt (vgl. Auernheimer 2013: 8), es bleibt dabei, dass angemessene Kentnisse der deutschen Sprache vorausgesetzt werden. Wenn Maßnahmen erfolgen den Sprachstand vor Schuleintritt zu erfassen, dann nicht mit dem Ziel geeignete Fördermaßnahmen einzuleiten, sondern deshalb um das Kind auszusortieren, bis die gewünschte Sprachleistung erreicht wird (vgl. ebd.: 14). Das könnte damit zusammenhängen, dass ein erheblicher Aufwand nötig wäre, Migranten mit schlechten Sprachkenntnissen auf ein Niveau zu heben, sodass es Kindern deutscher Herkunft entspricht. Betrachtet man Jedoch andere Länder wie Schweden, so kann man erkennen, dass sie diesen Aufwand nicht scheuen. Dort wird nicht nur ein Lehrer eingesetzt, der das Migrantenkind in der Muttersprache unterrichtet, zusätzlich tritt er noch als Übersetzer im Unterricht auf (vgl. Ratzki 2013: 29).

Die in der Politik geltende vorstellung von Bildungsgerechtigkeit ist die, dass nicht die Herkunft darüber entscheiden darf welchen Schulabschluss man erreichen kann, sondern allein die kognitiven Fähigkeiten ausschlaggebend dafür sein sollen (vgl. Stojanov 2011: 141). Die OECD (2016: 8) sieht das ähnlich und bezeichnet Bildungsgerechtigkeit als „Gewährleistung eines hohen Leistungsniveaus für Schüler jeglicher Herkunft anstatt lediglich einer geringen Varianz der Schülerleistungen".

Nach diesen Definitionen kann also dem deutschen Bildungssystem keine Bildungsgerechtigkeit attestiert werden, denn die soziale Herkunft entscheidet immer noch maßgeblich über den Schulerfolg. Eine entscheidende Stelle dabei ist die Entscheidung nach vier Grundschuljahren, auf welche Schulform ein Kind wechseln soll. Laut Gogolin (2013: 47) geschieht diese Zuweisung nicht nach Leistungsvermögen, sondern nach sozialer Herkunft. So konnte die IGLU-Studie feststellen, dass Kinder von Eltern mit höheren Berufen beim Lesetest bereits bei 518 Punkten, was 19 Punkte unterhalb des deutschen Mittelwerts liegt, höhere Chancen auf eine Zuweisung zum Gymnasium hatten, während Kinder mit Arbeiter-Eltern dazu einen Wert von 620 benötigten, was etwa zwei Lernjahren entspricht (Bos u. a. 2017: 23). Die Ergebnisse von IGLU veranlassen die Autoren zu der Aussage, dass es „Deutschland (…) in den vergangenen 15 Jahren im Bereich der Grundschule nicht gelungen [ist], den Anspruch auf Chancengleichheit im Bildungssystem zu realisieren" (ebd.: 21). Hinzu kommt, dass die Durchlässigkeit im deutschen Bildungssystem nicht gegeben ist, womit mit der Schulzuweisung mit hoher Wahrscheinlichkeit vorgezeichnet ist, welchen Schulabschluss man erreichen wird. Das kann man auch beim Vergleich der erreichten Schulabschlüsse von Migranten und Nicht-Migranten erkennen. So haben etwa 10 % der Migranten im Alter von 30 bis 35 Jahren keinen Schulabschluss und über 23,6 % nur den Hauptschulabschluss, während das bei den Nicht-Migranten nur mit knapp 2 % bzw. 16,6 % der Fall ist (Autorengruppe Bildungsberichterstattung 2018: 71, Tab. B5-5web). Was den Realschulabschluss bzw. die Fachhochschulreife angeht, erreichen die Migranten Werte von 21,3 bzw. 43,8 % während die Nicht-Migranten 35,2 bzw. 45,7 % erzielen (ebd.). Es lässt sich also feststellen, dass Migranten öfters entweder keinen Schulabschluss vorzuweisen haben, oder nur einen Hauptschulabschluss. Andersherum verhält es sich bei dem Realschulabschluss und der Fachhochschulreife, hier erreichen Migranten diese Abschlüsse seltener als Nicht-Migranten.

Damit ist gezeigt, dass das deutsche Bildungssystem keine Bildungsgerechtigkeit liefert, denn nicht die kognitiven Fähigkeiten allein werden zur Bewertung herangezogen, und zudem herrscht noch ein großes Leistungsgefälle. Weiterhin starten die Kinder nicht mit gleichen Chancen in die Schule, was bei den Migranten auch an Sprachdefiziten liegt.

Besonders schlecht schneiden dabei türkischstämmige Migranten in der Schule ab. Auch wenn sie in Deutschland geboren sind, erreichen sie laut PISA 2009 so unzureichende Lesekompetenzen, sodass sie zwei Schuljahre hinter den Kindern ohne Migrationshintergrund liegen (Stanat u. a. 2010: 223). Das bedarf deshalb besonderer Aufmerksamkeit, weil türkischstämmige Schüler einen Großteil der Migranten in der Schülerschaft ausmachen und zudem ein solcher Umstand in einem Schulsystem nicht einfach akzeptiert werden kann.

Auch PISA 2015 konnte darlegen, dass vor allem in Deutschland die Kompetenzunterschiede zwischen Migranten und Nicht-Migranten im europäischen Vergleich am höchsten sind (vgl. Rauch u. a. 2016: 332). Nicht nur hier konnten Defizite belegt werden, sondern auch beim sozioökonomischen Status von Migranten. So schreiben Reiss u. a. unter Berücksichtigung der Ergebnisse von PISA 2015 dazu folgendes:

In Deutschland werden im europäischen Vergleich besonders starke Disparitäten im sozioökonomischen Status sichtbar, die für alle Gruppen der Jugendlichen aus zugewanderten Familien statistisch signifikant sind. In Bezug auf den sozioökonomischen Status müssen Jugendliche mit einem Zuwanderungshintergrund in Deutschland also nach wie vor als systematisch benachteiligt gelten. Diese Benachteiligung von Jugendlichen mit Zuwanderungshintergrund kann auch anhand des sozialen Gradienten nachvollzogen werden, der den kontinuierlich nachgewiesenen hohen Zusammenhang zwischen sozioökonomischem Status und der (naturwissenschaftlichen) Kompetenz erneut bestätigt (ebd.: 341).

Das Zeigt, dass das deutsche Bildungssystem noch einiges an Verbesserungsarbeit zu leisten hat, bis auch Migranten Leistungen erbringen können, die nicht so weit von denen der Einheimischen entfernt sind, und bis nicht mehr die Herkunft zählt, sondern allein die kognitiven Fähigkeiten, sodass es aus Bildungsgerecht gelten kann.

Literaturverzeichnis

Auernheimer, Georg (Hrsg.) (2013): Schieflagen im Bildungssystem. Die Benachteiligung der Migrantenkinder 5. Auflage. Berlin: Springer VS.

Autorengruppe Bildungsberichterstattung (2018): Bildung in Deutschland 2018. Ein indikatorengestützter Bericht mit einer Analyse zu Wirkungen und Erträgen von Bildung. Bielefeld: Bertelsmann. Verfügbar unter: https://www.bildungsbericht.de/de/bildungsberichteseit-2006/bildungsbericht-2018/pdf-bildungsbericht-2018/bildungsbericht-2018.pdf (letzter Aufruf 10.06.2019).

Becker, Birgit; Gresch, Cornelia (2016): Bildungsaspirationen in Familien mit Migrationshintergrund. In: Diehl, Claudia; Hunkler, Christian; Kristen, Cornelia (Hrsg.): Ethnische Ungleichheiten im Bildungsverlauf. Mechanismen, Befunde, Debatten. Wiesbaden: Springer VS. S.73-116.

Betz, Tanja (2004): Bildung und soziale Ungleichheit: Lebensweltliche Bildung in (Migranten-) Milieus. Trier : Arbeitspapiere des Zentrums für sozialpädagogische Forschung der Universität Trier; II-16.

Bonefeld, Meike; Dickhäuser, Oliver (2018); (Biased) Grading of Students' Performance: Students' Names, Performance Level, and Implicit Attitudes. Frontiers in Psychology, 9. Verfügbar unter: https://www.frontiersin.org/articles/10.3389/fpsyg.2018.00481/full (letzter Aufruf 10.06.2019)

Bos, Wilfried; Valtin, Renate; Hußmann, Anke; Wendt, Heike; Goy, Martin (2017): IGLU 2016: Wichtige Ergebnisse im Überblick. In: Hußmann, Anke; Wendt, Heike; Bos, Wilfried;. Bremerich-Vos, Albert; Kasper, Daniel; Lankes, Eva-Maria; McElvany, Nele; Stubbe, Tobias C.; Valtin, Renate (Hrsg.): IGLU 2016. Lesekompetenzen von Grundschulkindern in Deutschland im internationalen Vergleich. Münster: Waxmann Verlag. S.13-28.

Dernbach, Andrea (2006): „Wir sind kein Einwanderungsland". In: Tagesspiegel. Verfügbar unter: https://www.tagesspiegel.de/politik/wir-sind-kein-einwanderungsland/783936.html (letzter Aufruf: 10.06.2019).

Diefenbach, Heike (2010). Kinder und Jugendliche aus Migrantenfamilien im deutschen Bildungssystem. Erklärungen und empirische Befunde. 3. Auflage. Wiesbaden: VS Verlag für Sozialwissenschaften.

Diehl, Claudia; Hunkler, Christian; Kristen, Cornelia (Hrsg.) (2016): Ethnische Ungleichheiten im Bildungsverlauf. Mechanismen, Befunde, Debatten. Wiesbaden: Springer VS.

Diehl, Claudia; Fick, Patrick (2016): Ethnische Diskriminierung im deutschen Bildungssystem. In: Diehl, Claudia; Hunkler, Christian; Kristen, Cornelia (Hrsg.): Ethnische Ungleichheiten im Bildungsverlauf. Mechanismen, Befunde, Debatten. Wiesbaden: Springer VS. S.243-286.

Ditton, Hartmut (2016): Der Beitrag von Schule und Lehrern zur Reproduktion von Bildungsungleichheit. In: Becker, Rolf (Hrsg.); Lauterbach, Wolfgang: Bildung als Privileg Erklärungen und Befunde zu den Ursachen der Bildungsungleichheit. 5. aktual. Auflage. Wiesbaden: Springer VS. S.281-314.

Esser, Hartmut (2016): Bildungssysteme und ethnische Bildungsungleichheiten. In: Diehl, Claudia; Hunkler, Christian; Kristen, Cornelia (Hrsg.): Ethnische Ungleichheiten im Bildungsverlauf. Mechanismen, Befunde, Debatten. Wiesbaden: Springer VS. S.157-242.

Gogolin, Ingrid (2013):Chancen und Risiken nach PISA – über Bildungsbeteiligung von Migrantenkindern und Reformvorschläge. In: Auernheimer, Georg (Hrsg.): Schieflagen im Bildungssystem. Die Benachteiligung der Migrantenkinder 5. Auflage. Berlin: Springer VS. S. 33-50.

Gomolla, Mechthild; Radtke, Frank-Olaf (2009): Institutionelle Diskriminierung. Die Herstellung ethnischer Differenz in der Schule. 3. Auflage. Wiesbaden: VS Verlag für Sozialwissenschaften.

Gomolla, Mechtild (2013): Fördern und Fordern allein genügt nicht! Mechanismen institutioneller Diskriminierung von Migrantenkindern im deutschen Schulsystem. In: Auernheimer, Georg (Hrsg.): Schieflagen im Bildungssystem. Die Benachteiligung der Migrantenkinder 5. Auflage. Berlin: Springer VS. S. 87-102.

Hußmann, Anke; Wendt, Heike; Bos, Wilfried;. Bremerich-Vos, Albert; Kasper, Daniel; Lankes, Eva-Maria; McElvany, Nele; Stubbe, Tobias C.; Valtin, Renate (Hrsg.) (2017): IGLU 2016. Lesekompetenzen von Grundschulkindern in Deutschland im internationalen Vergleich. Münster: Waxmann Verlag.

Kempert, Sebastian; Edele, Aileen; Rauch, Dominique; Wolf, Katrin M.; Paetsch, Jennifer;Darsow, Annkathrin; Maluch, Jessica; Stanat Petra (2016): Die Rolle der Sprache für zuwanderungsbezogene Ungleichheiten im Bildungserfolg. In: Diehl, Claudia; Hunkler, Christian; Kristen, Cornelia (Hrsg.): Ethnische Ungleichheiten im Bildungsverlauf. Mechanismen, Befunde, Debatten. Wiesbaden: Springer VS. S.157-242.

Kornmann, Reimer (2013):Die Überrepräsentation ausländischer Kinder und Jugendlicher in Sonderschulen mit dem Schwerpunkt Lernen. . In: Auernheimer, Georg (Hrsg.): Schieflagen im Bildungssystem. Die Benachteiligung der Migrantenkinder 5. Auflage. Berlin: Springer VS. S. 71-86.

Kristen, Cornelia (2006): Ethnische Diskriminierung im deutschen Schulsystem? Theoretische Überlegungen und empirische Ergebnisse. WZB Discussion Paper No. SP IV 2006-601. Berlin: Wissenschaftszentrum Berlin für Sozialforschung. Verfügbar unter: https://www.wzb.eu/www2000/alt/aki/files/aki_ethnische_diskriminierung_schulsystem.pdf (letzter Aufruf 10.06.2019).

Nauck, Bernhard; Lotter Vivian (2016): Bildungstransmission in Migrantenfamilien. In: Diehl, Claudia; Hunkler, Christian; Kristen, Cornelia (Hrsg.): Ethnische Ungleichheiten im Bildungsverlauf. Mechanismen, Befunde, Debatten. Wiesbaden: Springer VS. S.117-156.

(OECD) Organisation for Economic Co-operation and Development (2016): PISA 2015. PISA Ergebnisse im Fokus. Verfügbar unter: http://www.oecd.org/berlin/themen/pisa-studie/PISA_2015_Zusammenfassung.pdf (letzter Aufruf 10.06.2019).

Ratzki, Anne (2013): Skandinavische Bildungssysteme – Schule in Deutschland. Ein provokanter Vergleich. In: Auernheimer, Georg (Hrsg.): Schieflagen im Bildungssystem. Die Benachteiligung der Migrantenkinder 5. Auflage. Berlin: Springer VS. S. 23-32.

Rauch, Dominique; Mang, Julia; Härtig, Hendrik; Haag, Nicole (2016): Naturwissenschaftliche Kompetenz von Schülerinnen und Schülern mit Zuwanderungshintergrund. In: Reiss Kristina; Sälzer, Christine; Schiepe-Tiska, Anja; Klieme, Eckhard; Köller, Olaf (Hrsg.): PISA 2015 Eine Studie zwischen Kontinuität und Innovation. Münster: Waxmann Verlag. S.317-348.

Sachverständigenrat deutscher Stiftungen für Integration und Migration (2016): Doppelt benachteiligt? Kinder und Jugendliche mit Migrationshintergrund im deutschen Bildungssystem. Eine Expertise im Auftrag der Stiftung Mercator. Verfügbar unter: https://www.stiftung-mercator.de/media/downloads/3_Publikationen/Expertise_Doppelt_benachteiligt.pdf (letzter Aufruf: 10.06.2019).

Stanat, Petra (2006): Schulleistungen von Jugendlichen mit Migrationshintergrund: Die Rolle der Zusammensetzung der Schülerschaft. In: Baumert, Jürgen; Stanat, Petra; Watermann, Rainer (Hrsg.): Herkunftsbedingte Disparitäten im Bildungswesen: Differenzielle Bildungsprozesse und Probleme der Verteilungsgerechtigkeit. Vertiefende Analysen im Rahmen von PISA 2000. 1. Auflage. Wiesbaden: VS Verlag für Sozialwissenschaften. S.189-220.

Stanat, Petra; Rauch, Dominique; Segeritz, Michael (2010): Schülerinnen und Schüler mit Migrationshintergrund. In: Klieme, Eckhard; Artelt, Cordula; Hartig, Johannes; Jude, Nina; Köller, Olaf; Prenzel, Manfred; Schneider, Wolfgang; Stanat, Petra (Hrsg.): PISA 2009. Bilanz nach einem Jahrzehnt. Münster : Waxmann Verlag. S.200-230.

Steinbach, Anja (2009): Welche Bildungschancen bietet das deutsche Bildungssystem für Kinder und Jugendliche mit Migrationshintergrund? Oldenburg: BIS-Verlag.

Stojanov, Krassimir (2011): Bildungsgerechtigkeit Rekonstruktionen eines umkämpften Begriffs. 1. Auflage. Wiesbaden: VS Verlag für Sozialwissenschaften.

Strobel, Bernadette (2015): Spracherhalt im Migrationskontext: Muster und Bedingungen des Sprachgebrauchs und seine Folgen für den Bildungserfolg. Universität Bamberg: Inauguraldissertation. Verfügbar unter: https://opus4.kobv.de/opus4bamberg/files/48200/StrobelkumDissopuskse_A3a.pdf (letzter Aufruf 10.06.2019).

Wendt, Heike; Schwippert, Knut (2017): Lesekompetenzen von Schülerinnen und Schülern mit und ohne Migrationshintergrund. In: Hußmann, Anke; Wendt, Heike; Bos, Wilfried;. Bremerich-Vos, Albert; Kasper, Daniel; Lankes, Eva-Maria; McElvany, Nele; Stubbe, Tobias C.; Valtin, Renate (Hrsg.): IGLU 2016. Lesekompetenzen von Grundschulkindern in Deutschland im internationalen Vergleich. Münster: Waxmann Verlag. S.219-234.

BEI GRIN MACHT SICH IHR
WISSEN BEZAHLT

- Wir veröffentlichen Ihre Hausarbeit,
  Bachelor- und Masterarbeit

- Ihr eigenes eBook und Buch -
  weltweit in allen wichtigen Shops

- Verdienen Sie an jedem Verkauf

Jetzt bei www.GRIN.com hochladen
und kostenlos publizieren